$19.75

Publicado por Creative Education y Creative Paperbacks
P.O. Box 227, Mankato, Minnesota 56002
Creative Education y Creative Paperbacks son marcas
editoriales de The Creative Company
www.thecreativecompany.us

Diseño de The Design Lab
Producción de Chelsey Luther
Dirección de arte de Rita Marshall
Traducción de Victory Productions, www.victoryprd.com
Impreso en los Estados Unidos de América

Fotografías de Alamy (Greatstock, imageBROKER, Ivan
Kuzmin), Dreamstime (Isselee), FreeVectorMaps.com, Getty
Images (Education Images), iStockphoto (aimee1065,
bondgrunge), National Geographic Creative (Frans Lanting),
Shutterstock (jo Crebbin, Dennis W Donohue, ernstc, Elsa
Hoffmann, Andrzej Kubik, wectors)

Información del Catálogo de publicaciones de la Biblioteca
del Congreso is available under PCN 2017935167.
ISBN 978-1-60818-936-6 (library binding)

9 8 7 6 5 4 3 2 1

PLANETA ANIMAL

# EL AVESTRUZ

KATE RIGGS

CREATIVE EDUCATION • CREATIVE PAPERBACKS

*El avestruz, con sus largas patas, es el ave más grande del mundo.*

El avestruz es un ave grande de África. Existen dos **especies** de avestruces. Estas aves no pueden volar, pero pueden correr con rapidez. Su velocidad máxima es de 45 millas (72.4 km) por hora.

**especie** grupo de animales parecidos (o muy relacionados)

**Muchos** avestruces tienen el cuello y las patas rosadas. El avestruz de Somalia, en cambio, es de color gris azulado. Las patas del avestruz son poderosas. ¡Una patada puede romper la espalda de un león!

*El avestruz tiene dos dedos que apuntan hacia delante en cada pata (ver arriba).*

El avestruz de cuello rojo mide nueve pies (2.7 m) de alto. Pesa más de 300 libras (136 kg). Otros avestruces miden entre siete y ocho pies (de 2.1 a 2.4 m) de alto. Su gran tamaño mantiene alejados a otros animales. El avestruz macho y el avestruz hembra tienen plumas de colores diferentes.

*Los machos adultos tienen plumas más oscuras que llaman la atención de las hembras.*

El avestruz vive en las praderas calientes de África. Sus grandes ojos están atentos al peligro a su alrededor. También buscan comida.

*El avestruz se mantiene en constante movimiento dentro de su hábitat.*

*Unas plumas largas y finas protegen del polvo los grandes ojos del avestruz.*

El avestruz se alimenta de hierbas y de otras plantas. También come insectos. Un avestruz adulto come unas siete libras (3.2 kg) de comida al día. En cambio, no necesita beber mucha agua.

insectos  animales pequeños con un cuerpo dividido en tres partes y que tienen seis patas

*Un polluelo de avestruz tiene el tamaño de un pollo adulto.*

El avestruz hembra pone cerca de 12 huevos. Los **polluelos** deben ser fuertes para poder romper el cascarón. Al principio tienen unas plumas suaves llamadas plumón. Los avestruces jóvenes observan a sus padres. Así aprenden qué alimentos pueden comer.

**polluelos** avestruces bebé

*Los avestruces jóvenes se quedan con su primer grupo familiar por dos o tres años.*

Los avestruces viven la mayor parte del año en rebaños. Un grupo familiar puede tener hasta 50 miembros. El grupo cuida de los más pequeños. Los polluelos son **presa** fácil para los mandriles, los leones, los chacales y los leopardos. El avestruz puede vivir hasta 30 años en su estado salvaje.

**presa** animales que otros animales matan y se comen

*Las alas del avestruz le permiten hacer giros bruscos mientras corre.*

Los ojos del avestruz le permiten ver hasta una distancia de 2.5 millas (4 km). Así saben si tienen tiempo de esconderse o deben huir. Correr en grupos ayuda a los avestruces a confundir a los predadores.

**predadores** animales que matan y se comen a otros animales

Es posible ver a los avestruces en zoológicos y granjas. A veces, las personas que visitan África pueden verlos en su ambiente natural. ¡Es emocionante ver correr a estas aves de patas largas!

*El cuello y la cabeza del avestruz están cubiertos de plumas cortas y suaves.*

*Un cuento sobre los avestruces*

¿**Por** qué los avestruces mantienen sus alas tan cerca del cuerpo? La gente en África tiene un cuento sobre esto. A Avestruz le encantaba aprender cosas nuevas. Pero mantenía todo en secreto. Cuando Avestruz descubrió el fuego, lo escondió debajo de su ala. Mantis vio que Avestruz tenía guardado el fuego allí. Lo engañó para que dejara caer el fuego. Entonces Mantis lo compartió con las personas. Desde entonces, Avestruz mantiene sus alas cerca del cuerpo.

# Índice

África 4, 11, 20, 22

comida 11, 12, 15

correr 4, 19, 20

cuellos 7

especies 4, 7, 8

huevos 15

patas 7, 20

plumas 8, 15

predadores 16, 19

rebaños 16

tamaños 8

vista 11, 19